글 배정원 (행복한성문화센터)

이화여자대학교 대학원에서 보건학 과정을 수료, 인제대학교 대학원에서 보건학 박사 학위를 받았습니다. 명지대학교 인문학 학사, 중앙대학교 언론학 석사이며, 인문학, 사회학, 보건학을 두루 공부한 성 인문학자로서 건강한 성과 좋은 관계를 알려주는 성교육·성 상담 전문가로 25년 넘게 일하고 있습니다.
(사)청소년을 위한 내일여성센터 상담부장, 경향신문 미디어칸 성문화센터 소장, 연세성건강센터 소장, 대한성학회 회장, 한국양성평등교육진흥원 초빙교수, 국방부 소통전문위원 등을 거쳤고 현재 행복한성문화센터 대표, 세종대학교 겸임교수, 대한성학회 명예회장입니다.
한 개인이 자기 몸과 마음을 잘 관리하고, 타인을 존중하고 좋은 관계를 맺으며, 주도적으로 행복한 삶을 살아갈 수 있도록 연구와 상담, 강의를 하고 있습니다. MBC《일타강사》, tvN《유 퀴즈 온 더 블록》 출연을 포함, 신문·방송 등 다수의 언론 매체에서 성 전문 패널이자 칼럼니스트로도 활약 중입니다.
펴낸 책으로는 『배정원의 사랑학 수업』, 『배정원 교수의 십 대를 위한 자존감 성교육』, 『명화 속 성 심리』 등이 있습니다.

글 전판교

2000년 만화가로 데뷔한 후, 어린이를 위한 만화 스토리를 쓰고 있습니다. 어린이의 정서와 눈높이에 맞춘 재미있는 스토리 속에 필수 상식과 학습 등의 유익함을 주고자 연구하고 있습니다.
그동안 쓴 책으로 『우리들의 MBTI 1: 성격 유형』, 『레벨업 카카오프렌즈 속담』, 『쿠키런 킹덤 전설의 언어술사』 시리즈, 『잠뜰TV 스틸하트: AI 로봇 VS 인간』 등이 있습니다.

그림 소윤

2016년에 웹툰 『그림자 밟기』를 연재했습니다.
그린 책으로는 『우리들의 MBTI』 시리즈(전 5권) 등이 있습니다.

우리들의 사춘기

❶ 소녀 X 몸 X 소년

우리들의 사춘기

❶ 소녀 X 몸 X 소년

초판 1쇄 발행 2024년 5월 2일
초판 4쇄 발행 2025년 5월 27일

글 배정원(행복한성문화센터)·전판교 그림 소윤

펴낸이 김선식
펴낸곳 다산북스

부사장 김은영
어린이사업부총괄이사 이유남
책임편집 윤보황 **디자인** 이정아 **책임마케터** 김희연
어린이콘텐츠사업2팀장 이지양 **어린이콘텐츠사업2팀** 이정아 윤보황 류지민 박민아
어린이마케팅본부장 최민용 **어린이마케팅1팀** 안호성 이예주 김희연 **기획마케팅팀** 류승은 박상준
편집관리팀 조세현 김호주 백설희 **저작권팀** 성민경 이슬 윤제희
재무관리팀 하미선 임혜정 이슬기 김주영 오지수
인사총무팀 강미숙 이정환 김혜진 황종원
제작관리팀 이소현 김소영 김진경 이지우 황인우
물류관리팀 김형기 김선진 주정훈 양문현 채원석 박재연 이준희 이민운

출판등록 2005년 12월 23일 제313-2005-00277호
주소 경기도 파주시 회동길 490 **전화** 02-704-1724 **팩스** 02-703-2219
다산어린이 카페 cafe.naver.com/dasankids **다산어린이 블로그** blog.naver.com/stdasan
종이 스마일몬스터 **인쇄** 한영문화사 **제본** 대원바인더리 **후가공** 평창피앤지

ISBN 979-11-306-7771-2
       979-11-306-5252-8 77510(세트)

+ 책값은 표지 뒤쪽에 있습니다.
+ 파본은 본사와 구입하신 서점에서 교환해 드립니다.
+ 이 책은 저작권법에 의하여 보호를 받는 저작물이므로 무단 전재와 복제를 금합니다.

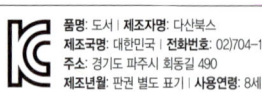

품명: 도서	**제조자명**: 다산북스
제조국명: 대한민국	**전화번호**: 02)704-1724
주소: 경기도 파주시 회동길 490	
제조년월: 판권 별도 표기	**사용연령**: 8세 이상

※ KC마크는 이 제품이 공통안전기준에 적합하였음을 의미합니다.

◆ 펴내는 글 ◆
사춘기가 찾아온 어린이들에게

언제부터인가 여러분의 몸과 마음에 전에 없던 놀라운 변화가 일어나고 있다고요? 드디어 사춘기라는 인생의 한 과정에 도달했군요. 축하합니다!

사춘기는 어린이가 어른이 되기 위해 건너는 다리 같은 시기예요. 그 다리를 특별히 혼자만 건너는 건 아니랍니다. 여러분의 부모님, 선생님도 그 시기를 잘 건너서 지금 훌륭한 어른이 된 것처럼, 여러분도 아주 잘 해낼 거예요.

이 책에는 사춘기에 접어든 여러분의 몸과 마음이 어떻게 변하는지에 대한 성 지식과 거기에 적응해서 어떻게 생각하고 또 행동해야 하는지에 대한 구체적인 이야기가 담겨 있습니다. 또 이 책에는 귀엽고도 약간 뻔뻔한, 그리고 가끔은 짓궂기도 한 '사춘기 요정'이 등장합니다. 이 요정들은 여러분의 사춘기에 동행하면서 흥미롭고 신나게 몸과 마음을 성장시켜 줄 거랍니다. 물론 처음에는 요정의 존재에 깜짝 놀라고 여러분에게 일어나는 다양한 변화가 당황스럽기도 하겠지만, 요정들과 함께하는 시간이라고 생각하면 사춘기가 좀 더 흥미진진하게 느껴지지 않나요?

여러분이 이 책을 읽고 자신의 몸과 마음의 변화를 즐겁게 받아들이고, 성에 대한 궁금증을 해결하며 주도적으로 인생을 살아갈 수 있기를 응원합니다. 어른이 되는 과정이 처음이라 조금 겁날 수도 있지만, 분명 아주 흥미롭고 낭만적인 시간이 될 거예요. 여러분에게 찾아온 사춘기를 반갑게 맞이하면 좋겠습니다.

배정원

◆ 이 책의 특징 ◆

흥미진진 만화!

사춘기가 찾아온 아이들의 이야기를 만화로 읽으며, 몸과 마음이 성장하는 과정을 재미있게 살펴볼 수 있습니다.

사춘기 지식!

배정원 선생님의 사춘기 이야기로 성 관련 지식을 살펴보고, 어린이들의 실제 사춘기 성 고민을 해결할 수 있습니다.

정보 부록!

사춘기 어린이에게 도움 되는 현실적인 정보를 얻을 수 있습니다.

우리들의 사춘기 시리즈!

나의 몸과 마음을 이해하고, 더 멋진 내가 되는 사춘기 학습만화 시리즈입니다. (총 3권)

차례

펴내는 글
사춘기가 찾아온 어린이들에게

등장인물 •8

프롤로그 사춘기가 왔다! •10

1장 내가 왜 이러지? •16

사춘기의 변화 · 변덕스러운 기분
고민 : 요즘에 화를 참는 게 어렵고 자주 화를 내요.

2장 내 몸이 달라지고 있어! •28

여자와 남자의 2차 성징 · 성기 관찰
고민 : 친구들은 월경을 시작했는데, 전 아직 안 해요.
　　　친구들이 저를 어린애 취급 해서 속상해요.

3장 가슴이 커졌어. •42

------

가슴의 발달 · 브래지어
고민 : 가슴이 너무 커서 운동할 때 사람들이 저를 쳐다보는 것 같아요.
　　　그래서 남들 앞에 나서기가 싫어요.

4장 월경을 시작했어! •54

월경과 월경 주기 · 월경전증후군
고민 : 월경이 불규칙해요.

5장 팬티에 묻은 액체의 정체는? •66

발기, 사정과 몽정 · 정액과 정자
고민 : 원치 않는 순간에 발기가 될 때 어떻게 하죠?

6장 포경 수술이라니! •78

포경 수술 · 포경 수술은 나의 선택
고민 : 성기는 어떻게 씻어야 하나요?

7장 성기를 만졌더니 기분이 좋아. •90

자위 · 올바른 자위 방법
고민 : 자위를 너무 자주 하는 거 같아서 걱정이에요.

8장 외모가 마음에 안 들어! •102

보디 이미지 · 여드름과 털
고민 : 마른 몸이 되고 싶어서 프로아나에 관심이 생겨요.

에필로그 그 애가 신경 쓰여…. •114

사춘기 돋보기
월경 용품의 종류
브래지어의 종류 · 일반 브래지어 착용법
면도기의 종류 · 면도기의 사용법

등장인물

사춘기

어느 날 서연이와 민호에게 찾아온 신비로운 요정.

'사춘기가 왔다'라는 말처럼, 성장하는 때가 되면 모든 아이에게 나타난다. 신비한 힘으로 아이의 몸과 마음을 성장시키거나 지켜 주며 정체불명의 작은 요정들과 함께 다닌다. 다른 사람들 눈에는 보이지 않지만, 간혹 이들을 볼 수 있는 아이도 있다. 어른이 되면 사춘기 요정들을 볼 수 없게 되고 요정들도 떠난다.

서연

감정 표현이 풍부하고 눈치가 빠른
우리초등학교 6학년 소녀.

활발하고 밝은 모습을 보이며
신중하고 섬세한 마음을 가지고 있다.
사춘기를 볼 수 있지만, 대부분 모른 척한다.

민호

장난기 많지만 따뜻한 마음을 지닌
우리초등학교 6학년 소년.

서연이와 유치원 때부터 함께 어울려 자랐다.
또래 아이들보다 생각이 많은 편이다.
사춘기를 보고 한동안 당황하지만 잘 적응한다.

미지

서연이의 단짝 친구.
서연이를 무척 좋아하고 잘 따르며,
생각이 깊다.

은희

미지 덕분에 서연이와 친해졌으며
3인조로 어디든 어울려 다닌다.
부당한 일은 참지 않는다.

현석

주변에서 일어나는 일에
무관심한 편이지만, 친한 친구의 일은
자기 일처럼 여긴다.

종철

민초와 현석이이 단짝 친구로,
아는 척하는 걸 좋아한다. 실제로 또래보다
아는 게 많다.

프롤로그

사춘기가 왔다!

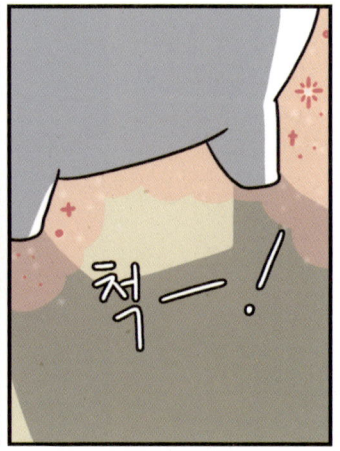

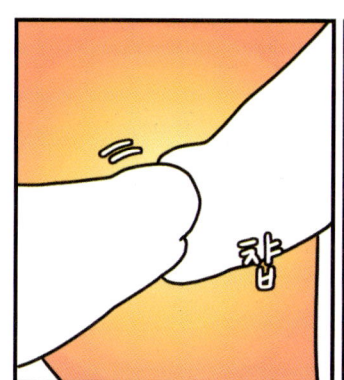

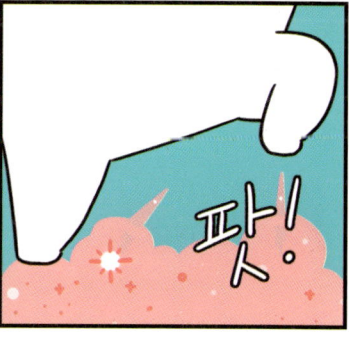

1장
내가 왜 이러지?

사춘기의 변화

'사춘기(思春期)'는 '봄에 대해 생각하는 시기'라는 뜻으로, 봄이 되면 식물이 꽃을 피우는 것처럼 어린이가 어른으로 성장하는 시기를 의미해요. 여러분은 지금까지도 꾸준히 커 왔지만, 사춘기에는 진짜 어른이 되는 변화를 경험하게 됩니다. 낯선 감정이 자꾸 생기고 몸도 쑥쑥 자라며, 지금까지와는 다른 새로운 변화가 일어나지요. 여러분은 앞으로 몇 년간 신체적, 심리적, 정서적 변화를 많이 겪게 될 텐데, 당황하거나 겁낼 필요는 없어요. 아주 흥미롭고 낭만적인 시간이 될 테니까요.

사춘기에는 특히 몸의 기능과 감정을 조정하는 '호르몬'이라는 신경전달물질이 뇌뿐만 아니라, 난소와 고환 등 생식기관에서 활발하게 분비됩니다. 특히 '성호르몬'은 우리 몸의 각 기능을 유지해 주고, 키를 자라게 하거나, 남자와 여자의 성적 특징을 드러나게 하는 역할을 해요. 사춘기는 모두 똑같은 속도로 나타나지는 않아요. 같은 나무라 하더라도 꽃이 피는 속도가 조금씩 다르듯 말이죠. 하지만 모두 공평하게 겪게 되니 걱정할 것 없습니다. 이 시기를 잘 지내고 나면, 멋진 어른으로 훌쩍 커 있을 거예요.

> **성호르몬**
> 사춘기에는 여자의 난소에서 여성 호르몬인 '에스트로겐'과 '프로게스테론'이, 남자의 고환에서 남성 호르몬 '테스토스테론'이 점점 많이 만들어집니다. 여성 호르몬과 남성 호르몬은 남녀 모두에게 분비되지만, 여자에겐 에스트로겐이, 남자에겐 테스토스테론이 더 많이 분비돼요.

💌 생각 키우기 | 변덕스러운 기분

요즘 들어 고민이 많아지고 기분이 쉽게 변해서 당황스럽나요? 갑자기 기분이 좋아졌다가 우울해지기도 하고, 별것 아닌 일에 벌컥 화가 나거나 마음이 상해서 부모님에게 반항심도 생기고, 친구들과의 우정 문제로 마음이 복잡해지기도 하죠. 사춘기에 왕성하게 분비되기 시작하는 성호르몬이 여러분의 몸과 마음에 변화를 일으키는 거예요. 참 놀랍지 않나요?

또한 이 시기에는 뇌에서도 이성을 담당하는 부분보다 감정을 담당하는 부분이 빠른 속도로 성장하기 때문에 감정 조절이 어려워지기도 합니다.

> **복잡한 내 마음을 다스리는 효과적인 방법**
> 좋은 책을 많이 읽거나 천천히 걸으며 산책하기, 친구랑 수다를 떨거나 음악 듣기, 노래 부르기, 그림 그리기, 땀 흘리며 운동하기 등의 활동을 하면 마음이 좀 더 편안해질 거예요.

사춘기는 감정이 풍부해지고 생각이 많아지는 시기지만, 자신을 찾아가고 타인과의 관계를 세우는 데 필요한 과정이랍니다.

💌 사춘기 상담 | 요즘에 화를 참는 게 어렵고 자주 화를 내요.

나도 모르게 짜증이 나고 불쑥 화가 나는 사춘기 감정 변화는 시간이 지나면 점점 나아질 테지만, 화나는 감정이 습관이 되지 않도록 자신의 감정을 다스리려 노력해야 해요. 화가 날 때 숨을 깊이 들이쉬고 내쉬는 심호흡을 하거나, 차가운 물로 손을 꼼꼼히 씻으면 화가 가라앉는 것을 느낄 수 있어요. 감정이 풍부한 시기지만, 좋아하는 사람들과의 관계를 망칠 필요는 없으니 조금 더 노력해 봐요.

2장
내 몸이 달라지고 있어!

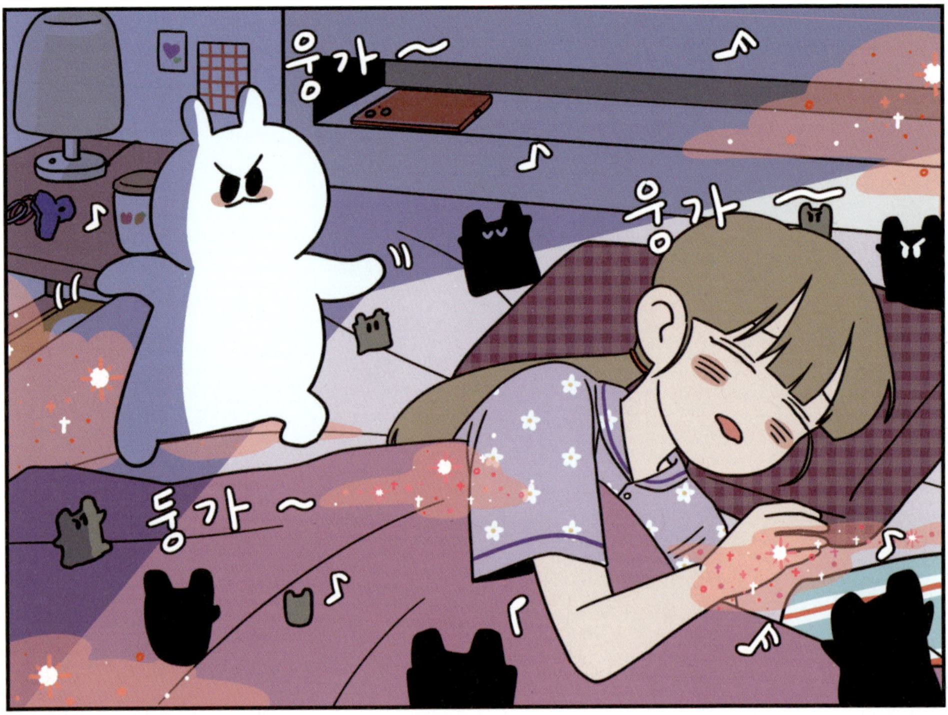
웅가 ~
웅가 ~
둥가 ~

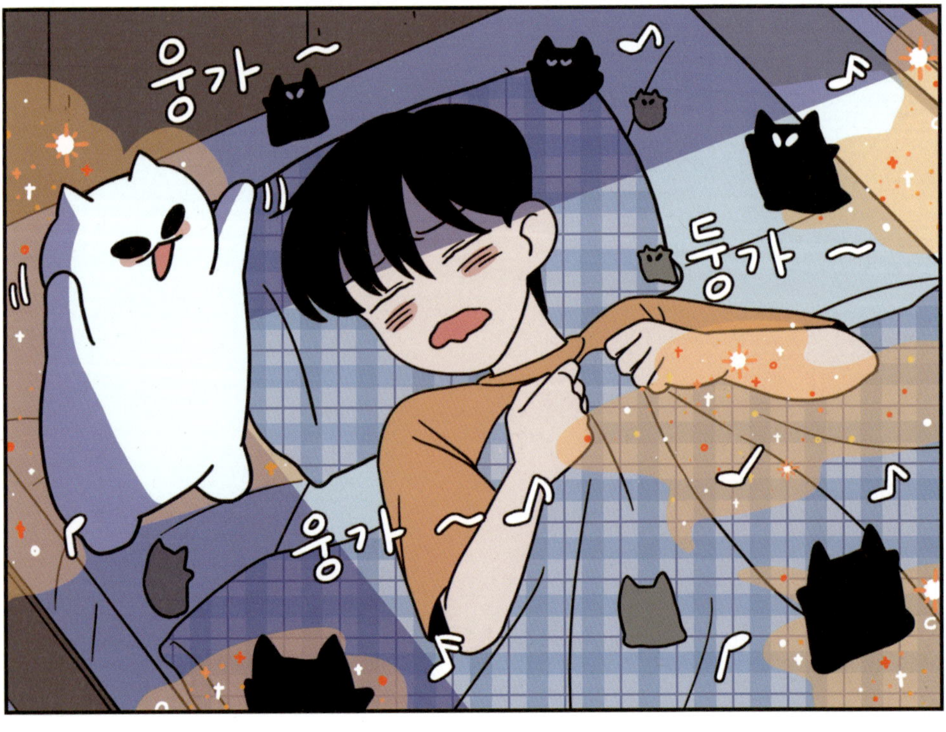
웅가 ~
둥가 ~
웅가 ~

여자와 남자의 2차 성징

사춘기에는 몸의 변화가 눈에 띄게 나타나며, 여자와 남자의 몸은 서로 다르게 변화합니다. 남녀 모두 키가 부쩍 크거나 목소리가 변하고 여드름이 나기도 하며 겨드랑이와 성기 주변에 털이 자라나지요. 성기 주변에 자라는 털을 '음모'라고 해요. 음모는 처음에 가늘고 얇게 자라지만, 시간이 지날수록 점점 머리카락처럼 굵어집니다. 하지만 머리카락만큼 길게 자라지는 않아요.

그리고 남자는 목에 울대뼈가 나오고 수염이 나고 성기의 고환이 커지며, 여자는 가슴이 자라고 엉덩이가 커지고 월경을 시작하는 등의 신체 변화를 겪어요. 이러한 몸의 변화를 '2차 성징'이라고 합니다. 2차 성징 시기는 사람에 따라 차이가 있지만, 보통 여자는 9~11세, 남자는 11~13세 정도가 되면 2차 성징을 겪게 돼요. 혹시 2차 성징이 너무 빠르거나 늦으면 의사와 상의해야 해요.

만 8세 이전에 신체적인 성장이 너무 빨리 일어나는 것을 '성조숙증'이라고 합니다. 성조숙증은 비만과 관련이 있어요. 기름진 음식과 인스턴트 음식을 자주 먹거나, 플라스틱 용기를 사용해 환경 호르몬에 노출되면 비만이 되기 쉽다고 알려져 있지요. 비만 외에도 포르노(성적 행위를 묘사한 그림, 영상, 사진 등)에 자주 노출되는 것도 성조숙증의 원인이니 조심해야겠지요.

💭 생각 키우기 성기 관찰

'성기 관찰'이라고 했지만 사실, '성기 잘 관리하기'입니다. 성기도 얼굴처럼 내 몸의 일부이니 잘 살펴보고 청결하게 관리해야 해요. 남자는 자기 성기를 보는 것이 어렵지 않지만, 여자는 자기 성기를 보려면 거울로 비춰 봐야 해요. 이때, 성기의 생김새, 색깔, 피부 상태를 잘 살펴보세요. 평소에 자기 성기의 건강 상태를 알아 두면 그곳에 뾰루지가 나거나, 가렵거나, 아프거나, 이상한 분비물이 나올 때 금방 알아채고 대처할 수 있어요.

또 성기의 피부는 주름져 있어서 소변 찌꺼기와 속옷 먼지가 노랗게 끼어 있을 수 있으니, 꼭 손가락으로 주름 사이를 잘 씻어 주어야 합니다. 여자는 자기 가슴도 살펴보는 습관을 들이는 게 좋아요.

나를 소중하게 여기는 행동
자기 성기를 꼼꼼히 잘 보고 관리하면, 나의 몸에 대한 자신감과 애정이 깊어져요. 그런 감정이 나를 소중하게 여기는 마음인 '자존감'을 키운답니다.

💌 사춘기 상담 친구들은 월경을 시작했는데, 전 아직 안 해요. 친구들이 저를 어린애 취급 해서 속상해요.

2차 성징을 겪는 시기는 개인마다 조금씩 차이가 있어요. 아주 빠르거나 늦는 경우가 아니라면 걱정하지 마세요. 곧 자신의 차례도 올 겁니다. 하지만 만 13세까지도 음모가 나지 않거나, 16세를 넘겼는데도 월경을 안 한다면 병원에 가 보는 게 좋아요. 2차 성징이 너무 빠르거나 너무 늦어지는 경우는 신경 써야 해요.

성기 관찰하기

여자의 성기 관찰

1. 거울을 바닥에 놓고 쪼그려 앉거나, 한쪽 다리를 접어서 거울로 비춰서 관찰한다.
2. 멍울이나 쥐젖(젖꼭지 모양의 갸름하고 작은 사마귀), 물집, 뾰루지 등이 생기진 않았는지 손가락으로 만져 본다.
3. 피부가 가렵거나 색이 변하지 않았는지 살펴본다.
4. 분비물의 색깔이 평소보다 누렇거나 푸르스름하진 않은지, 냄새와 농도를 살펴본다.

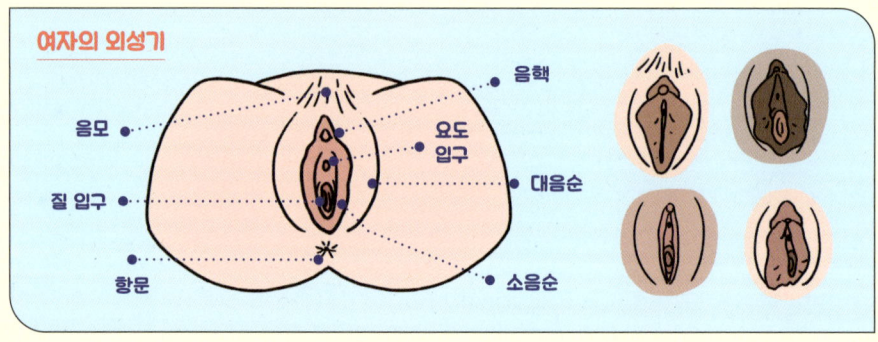

* **음모** : 성기 주변에 난 털
* **음핵** : 소음순 윗부분에 있는 작은 돌기로 성감을 위해 발달한 곳
* **요도 입구** : 소변이 나오는 통로의 입구
* **대음순** : 사타구니 사이 부분으로 내부 기관을 보호하는 피부 조직
* **질 입구** : 성기를 삽입하거나 아기가 나오는 통로의 입구
* **소음순** : 대음순 안쪽의 부드러운 피부 조직
* **항문** : 대변이 나오는 곳

남자의 성기 관찰

1. 성기 끝에서 노랗거나 푸르스름한 분비물이 나오는지 확인한다.
2. 소변을 볼 때 불에 타는 듯한 느낌이 들거나 아프지는 않은지 살펴본다.
3. 성기가 붓거나, 냄새 나는 뾰루지, 물집, 사마귀가 있는지 살펴본다.
4. 성기에 단단하면서 통증은 없는 덩어리가 만져지는지 확인한다.

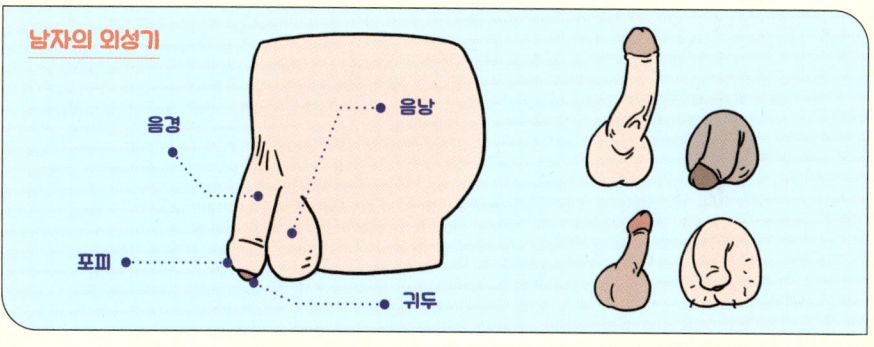

* **음경**: 소변과 정액을 내보내는 요도를 감싼 생식기관
* **음낭**: 고환과 부고환을 감싼 피부 주머니
* **포피**: 귀두를 감싸고 있는 피부 조직
* **귀두**: 소변과 정액이 나오는 음경의 끝부분

성기의 생김새는 사람마다 크기, 모양, 색깔 등이 달라요.

3장
가슴이 커졌어.

가슴의 발달

2차 성징을 겪는 여자는 가슴이 커지고 골반이 넓어지면서 엉덩이가 발달합니다. 보통 10세 전후가 되면 가슴에 단단한 몽우리가 생기고 가슴이 점점 커져요. 가슴에 멍울이 생길 때는 가슴을 살짝 건드리거나 달리기를 하거나 옷을 입기도 불편하죠. 가슴이 커지는 건 여성 호르몬인 에스트로겐의 영향 때문이에요. 가슴 안에는 젖샘이 있고, 아이를 낳으면 이 젖샘에서 젖이 만들어집니다. 사실 가슴은 지방 덩어리라 해도 과언이 아니에요. 그래서 살이 빠지면 가슴이 작아지고, 살이 찌면 가슴도 커지지요.

에스트로겐의 영향을 받기 때문에 월경할 때나, 임신하면 크기가 변하기도 하지요. 또 가슴의 크기나 모양은 사람마다 다르고, 양쪽의 모습과 크기는 똑같지 않아요. 젖꼭지 부분도 마찬가지예요. 얼굴의 왼쪽과 오른쪽이 똑같지 않듯이요. 가슴의

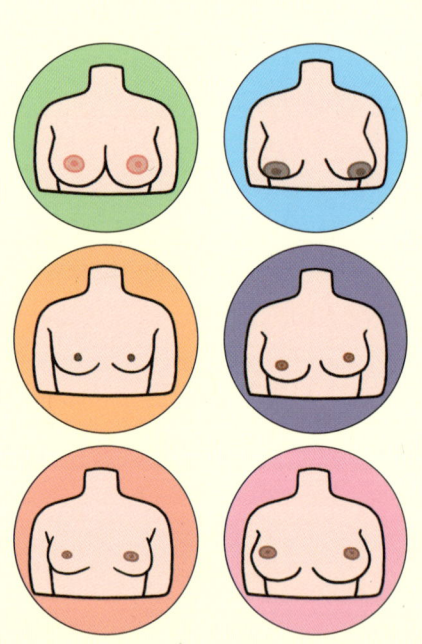

크기나 모양은 아기에게 젖을 먹이는 기능이나, 성관계할 때의 쾌감과는 아무 상관이 없습니다. 가슴은 밥을 담는 그릇 모양처럼 동그란 가슴, 작고 납작한 가슴, 길쭉한 가슴 등 모양이 다양해요.

생각 키우기 | 브래지어

가슴이 커지기 시작하면 운동을 하거나 일상생활을 할 때 불편할 수 있어요. 그래서 브래지어를 착용합니다. 브래지어는 가슴을 보호하고 활동할 때 불편을 덜어 주기도 하지만, 반드시 착용해야 하는 건 아니에요. 브래지어를 착용하기로 했다면 자기 몸과 가슴둘레에 맞는 브래지어를 착용하는 게 좋습니다. 너무 꽉 끼면 답답하기도 하고, 몸속의 피가 제대로 순환되지 않아서 가슴이 붓기도 해요.

속옷 가게에 가면, 가슴둘레를 재고 가슴 크기에 맞는 브래지어를 추천받을 수 있습니다. 내 몸에 맞아 편안하고, 가슴을 잘 받쳐 주는 브래지어를 선택해야 하며, 집에 머물거나 잠을 잘 때는 가급적 브래지어를 입지 않는 게 좋아요.

사춘기 상담 | 가슴이 너무 커서 운동할 때 사람들이 저를 쳐다보는 것 같아요. 그래서 남들 앞에 나서기가 싫어요.

가슴이 크면 아무래도 움직임이 많을 때 더 눈에 띄는 것 같고, 사람들의 시선이 신경 쓰일 수 있어요. 사춘기는 사람들에게 나를 드러내고 싶으면서, 한편으로는 눈에 띄기 싫은 복잡한 마음이 드는 시기예요. 그래서 더 그렇게 생각할 거예요. 그 때문에 가슴이 큰 여자들은 어깨를 움츠리고 구부정한 자세로 다니기도 하지요. 하지만 그러면 서서히 자세가 나빠집니다. 가슴이 크건 작건 그건 내 가슴이며 내 모습이에요. 다른 사람의 시선을 신경 쓰기보다, 내 몸을 아끼고 사랑할 필요가 있어요. 스스로 몸과 마음의 자세를 당당하게 가지면 멋져 보일 거예요.

4장
월경을 시작했어!

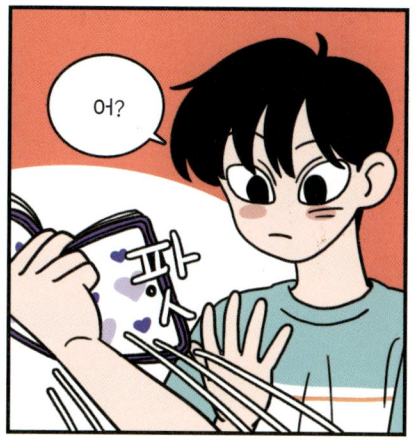

이렇게 우리의 초등학교 마지막 여름은 지나가고 있었다.

월경과 월경 주기

'월경'은 우리가 흔히 '생리'라고도 부르는 여자의 생리 현상을 말합니다. 다만 생리는 우리 몸에서 일어나는 다양한 현상 전체를 말하므로 '월경'이라고 부르는 게 더 정확한 표현이에요. 월경은 여자의 자궁에서 자궁 점막과 소량의 피가 몸 밖으로 흘러나오는 것을 말해요.

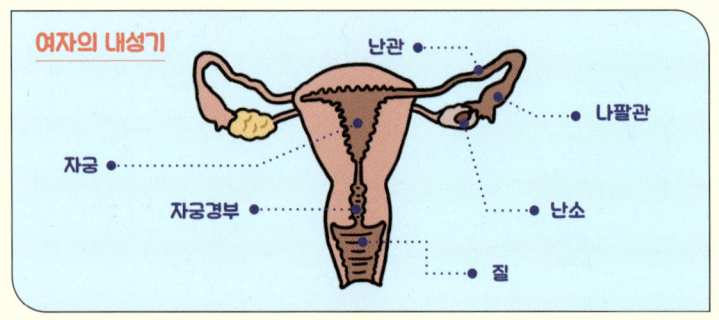

여자들은 대체로 한 달에 2~3일, 길게는 7일 정도 월경을 경험해요. 임신 기간이거나, 49~51세 정도의 나이가 되어 더 이상 월경을 하지 않을 때를 빼고는 달마다 월경을 겪지요. 여자들에게 월경은 아주 중요한 경험이면서 일상적인 일이에요. 한 달에 한 번씩 평균 5일가량, 40년 동안 월경을 한다면 무려 6년 반 정도를 피 흘리며 사는 거니까요. 또한 월경은 여자의 현재 건강에 큰 영향을 받습니다. 그래서 시험을 앞두고 긴장하거나 밤을 새우는 등 무리를 하면 월경 시기가 늦춰지거나 빨라질 수 있어요. 사람에 따라 월경 주기는 불규칙하기도 하지만, 대부분은 첫 월경 후 1년이 지나면 규칙적인 주기를 가져요. 규칙적인 월경 주기를 갖게 된 후에는 정기적으로 병원에서 자궁과 난소의 건강 상태를 검진하는 걸 추천해요.

생각 키우기 월경전증후군

사람마다 차이가 있지만, 월경 중에는 감정의 변화가 커지며, 몸이 붓거나, 허리와 아랫배가 아프고, 설사를 하는 증상이 생겨요. 이를 월경전증후군 혹은 월경곤란증이라고 해요. 하지만 어떤 사람은 월경 전부터 감정과 몸의 변화를 예민하게 느끼기도 하고, 어떤 사람은 평소와 다름없이 지내기도 하지요. 혹시 월경 양이 너무 많고 월경통이 아주 심하면 자궁이나 난소 등에 문제가 있을 수 있으니, 병원에 가 보는 게 좋습니다.

월경 기간의 몸 관리

월경 중에는 무리한 운동은 피하고, 몸을 따뜻하게 하고, 따뜻한 차를 마시거나 차분한 음악을 들으면서 편안하게 지내는 것이 좋습니다. 월경통이 심하다면 진통제를 먹는 것도 나쁘지 않아요.

사춘기 상담 월경이 불규칙해요.

'불규칙한 월경 주기' 때문에 고민하는 여자들이 꽤 많아요. 그런데 진짜로 주기가 불규칙하다기보다는 월경주기법을 잘못 알고 있는 탓에 착각하는 일이 많습니다. 월경은 '주기'로 점검하는 것이지 정해진 날짜로 계산하는 게 아니에요. 주기란 며칠 만에 월경하는지를 헤아리는 거예요. 월경을 시작하는 날부터 월경이 끝나는 날까지를 수첩에 표시하고 6개월 정도 기록하여, 월경 일수의 평균을 계산해 보면 나의 월경 주기를 알 수 있어요. 보통 25~31일 정도인 경우가 많습니다. 요즘은 월경 주기를 간편하게 기록하고 계산하는 모바일 앱이 많으니, 앱을 사용하거나 수첩에 기록하여 나의 월경 주기를 알고 있는 게 좋아요.

5장

팬티에 묻은 액체의 정체는?

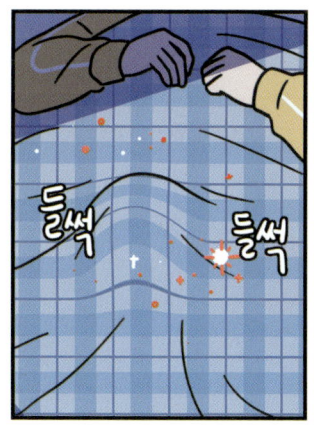

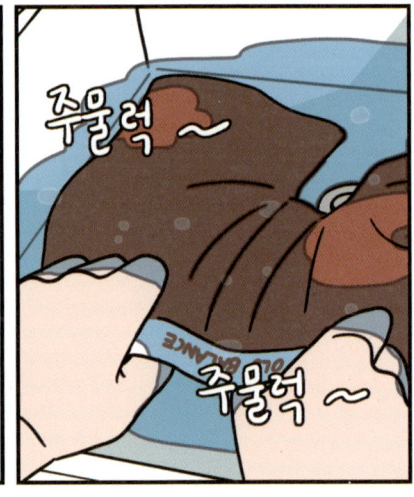

발기, 사정과 몽정

2차 성징을 처음으로 겪는 남자는 '발기'와 '사정'을 경험하게 됩니다. '발기'는 어떤 성적 자극을 받아서 음경에 피가 몰리면서 음경이 커지거나 꼿꼿하게 일어서는 현상이에요.

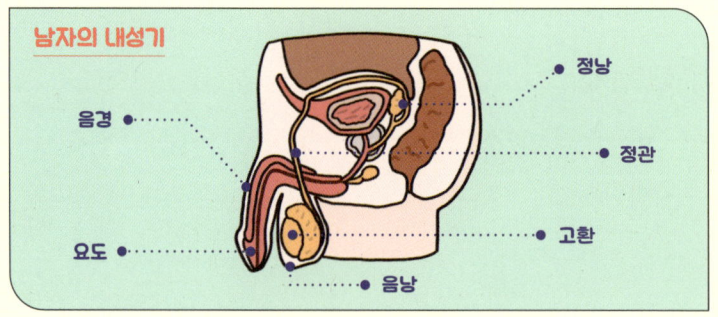

발기는 시각적인 자극이나 심리적인 흥분, 혈액순환, 뇌의 작용이 함께 이루어져야 가능합니다. '사정'은 '정액'이 요도를 통해 몸 밖으로 나오는 것이에요. 정액에는 내성기의 여러 액체와 고환에서 만들어진 '정자'가 섞여 있지요. 남자들은 대개 사정할 때 강한 쾌감을 느껴요. 성장기에는 잠을 자는 동안에 사정을 하는 '몽정'을 경험하기도 하지요. 꿈을 꾸는 동안 자기도 모르게 사정이 되는 거죠. 자고 일어나서 속옷에 묻은 찐득한 정액 때문에 당황하거나 찝찝해하기도 하지만, 몽정 또한 자연스러운 현상입니다. 사정과 몽정은 정자가 모여 있다가 일정 기간이 지나면 밖으로 배출되고, 새로운 정액으로 채워지는 건강한 현상이므로 걱정하지 않아도 됩니다. 정액은 더러운 것이 아니지만, 팬티에 묻었다면 세탁기에 넣기 전 물로 헹구어 가족을 배려하면 좋겠죠?

생각 키우기 — 정액과 정자

'정자'는 여자의 난자와 함께 생식과 관련된 세포이며, '정액'은 정자에 영양을 공급하고 보호해 줘요. 정액은 고환을 거쳐 부고환으로 나온 정자와 전립샘액, 정낭액이 섞이며 만들어집니다. 정액은 분비액 때문에 끈끈하게 엉기며, 미세한 거품을 일으킨 달걀흰자처럼 보이기도 합니다. 보통 흰색을 띠는데, 배합 성분에 따라서 색이 조금씩 달라지기도 하니 흰색이 아니라고 놀라거나 걱정하지 마세요. 한 번 사정할 때 배출되는 정액의 양은 보통 1~3cc 정도입니다. 사람에 따라서, 사정 횟수에 따라서 다를 수 있고, 사정을 오랜만에 할수록 정액의 양은 많아져요. 또 정자는 정액의 1~3퍼센트밖에 되지 않아요. 정자 외의 정액은 정자에 영양분을 보충해 주고, 정자가 여자의 질에서 자궁으로 이동하는 동안 보호하는 성분으로 이루어져 있습니다.

정자

사춘기 상담 — 원치 않는 순간에 발기가 될 때, 어떻게 하죠?

성적인 자극을 받지 않았는데 발기가 되어 난처할 때가 있죠? 사춘기 남자들은 친구들 앞에서 발표하던 중에, 수영장에서, 흔들리는 버스 안에서처럼 갑작스럽게 발기가 되는 경험을 할 수 있어요. 성호르몬이 활발한 시기에는 뇌가 생리 기능을 확인하기 위해 발기를 명령하기도 한답니다. 이것을 자연 발기(자발성 발기)라고 해요. 혹시 예상치 못한 순간에 발기가 일어났다면, 발기에 대한 생각을 하지 않는 게 도움이 돼요. 머릿속으로 구구단을 외거나, 나와 상관없는 심각한 상상을 하거나, 면봉으로 귀를 자극하는 것도 도움이 됩니다. 원리는 그저 발기가 사라질 만한 다른 생각을 하는 거예요.

6장
포경 수술이라니!

포경 수술

"고래 잡으러 가자"는 말을 들어 본 적 있나요? 남자의 음경을 감싼 피부를 일부 잘라 내어, 귀두를 노출하는 수술인 '포경 수술'을 에둘러 말하는 거랍니다. 포경 수술을 하는 이유는 음경 귀두를 청결하게 관리하기 위해서예요. 남자의 귀두는 아주 예민한 곳이라 건조하거나 딱딱한 것에 닿으면 따갑고 아픕니다. 또 귀두는 얇은 기름기로 덮여 있는데, 이는 귀두의 피부를 보호하는 역할을 해요. 이 귀두 기름이 쌓이면, 약간 노르스름한 '귀두지'가 됩니다. 여기에 속옷 먼지, 오줌 찌꺼기 같은 것이 섞이면, 성기에서 좋지 않은 냄새가 나기도 하고, 심하면 염증이 생기기도 합니다. 그런데 귀두는 포피에 싸여 있어서 잘 닦기가 어려워요. 그래서 포피의 일부를 잘라, 닦기 좋게 하는 것이 바로 포경 수술입니다.

우리나라에서는 아직도 포경 수술을 많이 하는 편이지만, 음경과 귀두를 깨끗이 씻을 수 있다면 굳이 수술할 필요는 없다는 의견이 많습니다. 포경 수술이 우리나라에 많이 확산된 건, 위생 환경이 엉망이었던 1950년대 전쟁 때였거든요. 그러나 지금은 예전과 다르게 매일 샤워를 하고, 자주 씻으며 청결을 유지하고 있으므로 꼭 포경 수술을 하지 않아도 된다는 거죠.

💛 생각 키우기 포경 수술은 나의 선택

최근에는 포피에 성 건강에 유리한 점이 있다고 밝혀져서, 전문가들은 되도록 포경 수술을 하지 않고 깨끗하게 관리하는 것을 추천합니다. 또 포경 수술은 몸의 주인인 '나'의 선택으로 이루어져야 한다는 '성적 자기 결정권' 측면에서 다뤄지기도 해요. 저는 전문가로서 어린 나이에 포경 수술을 하기보다는 성기를 잘 씻는 법을 배워서 청결하게 관리하고, 성인이 된 후에 자신이 불편하다면 수술을 고려하는 것이 좋겠다는 견해입니다. 다만 포경 수술을 하는 것이 더 좋은 예도 있어요. 포피가 너무 귀두 가까이 붙어 있어서 자위행위나 성관계 시 아프거나, 귀두염이 자주 생기는 사람은 포경 수술을 하는 편이 성기 관리에 효과적일 수 있습니다. 이런 경우는 의사 선생님과 상의해 보세요.

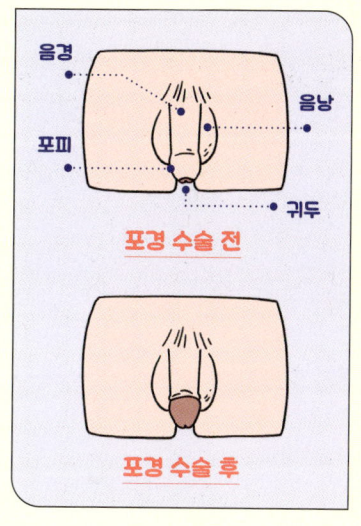

💌 사춘기 상담 성기는 어떻게 씻어야 하나요?

남자 성기는 귀두를 잘 젖혀서 씻어 주어야 합니다. 포피를 몸 쪽으로 밀면 귀두가 드러나는데, 귀두 위쪽과 포피 안쪽도 미지근하고 깨끗한 물로 잘 씻어 주는 게 좋고, 꼭 비누를 사용해야 하는 건 아닙니다. 성기에는 주름진 부분이 많으니, 손가락으로 꼼꼼하게 씻어야 하고, 씻은 후에는 깨끗한 수건으로 물기를 잘 닦아 줘야 해요. 또 성기에서 냄새가 나는 건 호르몬 때문이며, 아무리 자주 열심히 닦는다고 해도 냄새를 완전히 없애기는 힘들어요. 그러니 지나치게 자주 씻는 건 오히려 성 건강에 나쁠 수도 있어요.

7장

성기를 만졌더니 기분이 좋아.

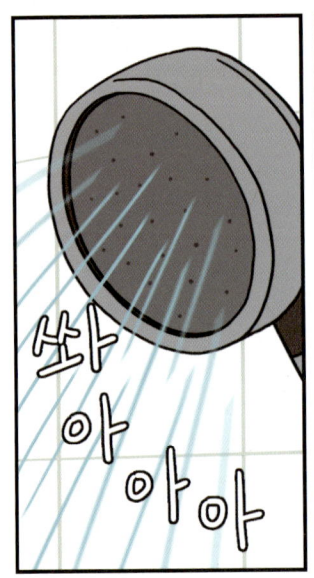

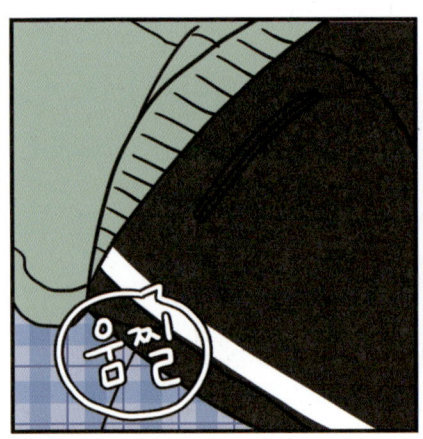

자위

샤워를 하다 물줄기가 음핵에 닿았을 때, 혹은 침대에 엎드려 있다 우연히 성기가 문질러졌을 때 찌릿찌릿하고 좋은 느낌을 받은 적 있나요? 그래서 그런 느낌을 다시 받고 싶어서 성기를 만져 본 적 있나요? 자기의 성기를 문지르거나 비비는 행동을 해서, 스스로 성적 즐거움을 느끼는 행위를 '자위'라고 해요. 자위는 내 몸이 어떻게 만져질 때 기분이 좋은지, 자기 몸을 탐색해 가는 방법이면서, 다른 사람과 상관없이 혼자서 성적 긴장을 푸는 경험이기도 해요. 만약 자위하는 자신이 부끄럽거나 뭔가 잘못된 일을 하는 것 같아서 마음이 불편했다면 걱정하지 않아도 됩니다. 그건 나쁜 행동이 아니고, 자연스럽고 본능적인 행위니까요. 그래서 아주 어린 아기들도 자신의 몸을 만지면서 즐거움을 느껴요.

자위에 대해서 사회에는 잘못 알려진 이야기가 많습니다. 자위하면 키가 안 자란다든가, 뼈가 삭는다든가, 머리가 나빠진다든가 하는 말은 모두 사실이 아닙니다. 또 자위는 주로 남자만 한다고 여겨지지만, 여자도 남자도 다 하는 자연스러운 행위랍니다. 자위행위는 혼자 지내는 방처럼 다른 사람에게 방해받지 않을 만한 장소에서 하는 것이 좋아요. 방에서 할 때는 반드시 방문을 잠그는 편이 좋을 거예요. 가족이 갑자기 방에 들어와 마주치면 서로 불편한 일이 될 테니까요.

생각 키우기 — 올바른 자위 방법

자위할 때 어떤 자세로 해도 상관없지만, 우선 손을 깨끗이 씻어야 해요. 또한 성기가 다치지 않도록 손톱을 짧게 다듬는 게 좋아요. 남자는 주로 손으로 자기 음경을 잡고 위아래로 움직이면서 자극을 주는 방법으로 합니다. 딱딱한 곳에 성기를 부딪치거나 구멍 난 물체에 넣는 사람도 있는데, 성기가 다칠 수 있으니 주의해야 합니다. 또한 빨리 사정하려고 하는 것도 좋지 않아요. 원치 않게 일찍 사정하는 '조루'의 습관이 들 수도 있거든요. 여자는 성기 부분을 푹신한 베개 등에 문지르며 누르거나 질 속에 손가락을 넣어 문지르는 방법으로 하지요. 물줄기로 음핵을 자극하기도 하고요. 질 속에 손가락뿐 아니라 뭔가를 넣기도 하는데 이때 부러지거나 꺼내기 어려운 것을 넣어선 절대 안 됩니다.

> **포르노 시청**
>
> 자위할 때 포르노에 의존하는 것은 좋지 않습니다. 너무 자극적이고, 자주 볼수록 더 자극적인 것을 찾게 되기 때문에 나중에 사랑하는 사람과 성관계 할 때 문제가 생길 수도 있어요.

사춘기 상담 — 자위를 너무 자주 하는 거 같아서 걱정이에요.

자위를 너무 자주 한다는 생각이 들면 횟수를 줄이려고 노력하는 게 좋습니다. 스스로 일상생활에 지장을 준다고 느꼈기 때문일 테니까요. 자위의 적절한 횟수는 정해져 있지 않지만, 자기 몸과 상황에 따라 조절하는 것이 좋아요. 음식을 많이 먹으면 배탈이 나거나 소화가 될 때까지 속이 불편한 것처럼 내 몸의 상태와 상황에 따라 적절히 하는 거지요. 자기에게 적절한 횟수는 자신이 가장 잘 알 거예요.

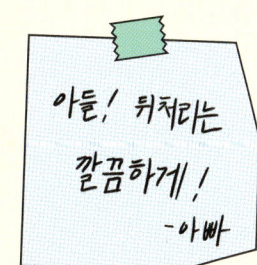

아들! 뒤처리는 깔끔하게! -아빠

8장
외모가 마음에 안 들어!

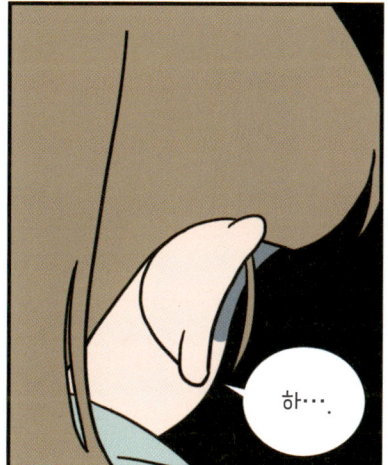

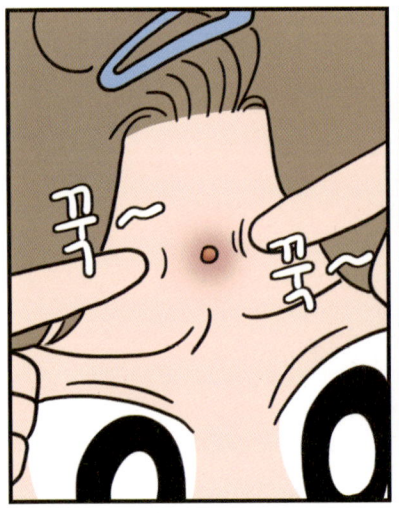

보디 이미지

여러분은 자기 몸을 어떻게 느끼고 있나요? 사람이 자기 신체에 대해 가지는 태도를 '보디 이미지'라고 합니다. 보디 이미지는 내 마음에 따라 더 좋을 수도, 나쁠 수도 있어요. 따라서 내 생활이 마음에 들면 보디 이미지도 긍정적일 확률이 높아요. 그런데 우리 사회는 자기 몸을 생긴 그대로 좋아하기보다는 다른 사람의 기준으로 바라보게 하는 경향이 있습니다. 우리가 매일 접하는 TV 광고, SNS, 인터넷 같은 매체에서 지나치게 날씬한 몸매와 화려한 외모를 가진 연예인과 모델을 계속 보여 주기 때문이지요. 매체에 영향을 많이 받으면 몸을 바라보는 우리의 기준도 무척 높아져요. 그러다 보니, 자기 몸을 매체에서 봤던 몸에 맞추어야 한다는 강박을 갖게 됩니다. 게다가 우리 주변에는 다른 사람의 외모를 평가하는 좋지 않은 문화도 있지요. 그래서 미용 목적으로 다이어트를 하거나 성형, 미용 시술을 하려는 사람이 많아졌어요. 여러분은 모쪼록 남들이 평가하는 기준을 따르기보다, 자기 모습을 사랑하는 태도를 중요하게 여기며 내면의 힘을 길렀으면 합니다. 보디 이미지는 나의 자존감에 더없이 중요해요. 내가 나의 몸을 좋아하고 당당하게 느끼면 자존감이 높아진답니다. 사실 남들은 여러분의 몸에 그렇게 신경을 쓰거나 관심을 두지 않아요. 겉으로 드러나는 외모보다는 '배려심이 많다', '예의 바르다', '친절하다'처럼 내면에서 우러나오는 좋은 태도와 노력이야말로 가장 칭찬받을 만한 장점이랍니다.

생각 키우기 — 여드름과 털

여드름은 대개 이마, 턱, 입 주변에 나지만, 등이나 가슴에 나기도 합니다. 붉거나 노란 고름이 맺히기도 해서 피부가 깨끗해 보이지 않기 때문에 빨리 짜내어 없애고 싶어지죠. 하지만 여드름은 손을 댈수록 더 나빠져요. 그러니 가급적 손으로 만지지 말아야 해요. 여드름이 너무 심하면 병원에 가서 도움을 받는 게 좋습니다. 여드름이 심한데 그냥 두면 흉터가 남기도 하거든요.

여자들은 월경 전이나 월경 중에 여드름이 심해지는 경우가 많은데, 이때 화장을 하면 더 악화하니, 피부를 깨끗하게 유지하는 게 좋아요. 또 몸에 난 털이 보이는 게 너무 신경 쓰인다면 뽑거나, 면도기로 털을 없앨 수 있습니다. 제모를 하는 건 개인의 선택이지만, 깨끗한 도구로 올바르게 제거해야 해요.

사춘기 상담 — 마른 몸이 되고 싶어서 프로아나에 관심이 생겨요.

프로아나는 음식을 먹고 토하기를 반복하거나 음식을 두려워하는 '거식증'을 옹호하고, 설사약 등 약물을 복용하는 무리한 다이어트를 하며 마른 몸매를 추구하는 것을 뜻합니다. 사춘기에는 사고 능력보다 신체가 훨씬 빨리 성장하기 때문에 자신의 외모에 더욱 신경을 쓰느라 위험한 생각을 할 수 있습니다. 마른 몸이 되고 싶어서 극단적인 방법으로 살을 빼면 빈혈, 위장 장애, 월경 불순, 우울증 같은 질병을 얻게 됩니다. 심한 경우에는 체온도 떨어지고 면역력이 떨어져서 질병이 생기고, 죽을 수도 있어요. 거식증 또한 동경의 대상이 아니라 꼭 치료받아야 하는 정신과적 질병이므로 절대 따라 하면 안 됩니다.

에필로그

그 애가 신경 쓰여…

초등학교 졸업식

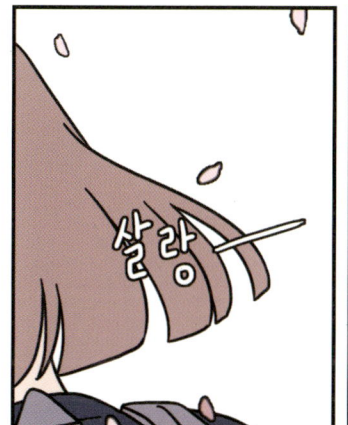

벚꽃 핀 봄, 우리에게 신경 쓰이는 사람이 생겼다.

두근

두근

두근

두근

괜찮아?

사춘기 돋보기

사춘기 생활에 도움이 되는 정보를 살펴봐요!

월경 용품의 종류

일회용 월경대(생리대)

월경대의 접착 면을 속옷 안쪽 면에 붙여 사용해요. 하루에 3~4번 정도 교체해야 세균 감염을 막을 수 있어요. 월경 양이 많은 날에는 자주 교체해야 해요. 사용한 월경대는 돌돌 말아 접은 다음 휴지에 감싸서 쓰레기통에 버려요.

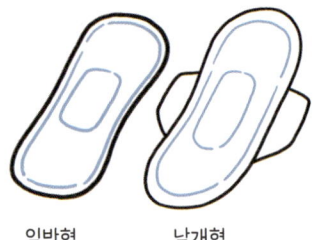

일반형   날개형

장점: 흡수력이 좋으며 착용이 간편하고 휴대하기 쉬워요. 편의점 등에서 쉽게 살 수 있어요.

단점: 각종 화학 약품으로 만들어졌기 때문에 피부가 예민한 사람에게 부작용을 일으키거나 마찰로 인해 피부가 아플 수 있어요. 일회용품이라 환경오염을 일으켜요.

탐폰

손을 깨끗이 씻고 질 속에 넣어 사용해요. 하루에 3~4번 정도 교체해야 세균 감염을 막을 수 있어요. 월경 양이 많은 날에는 자주 교체해야 해요. 착용 후 몸에 열이 나거나, 두드러기가 나고 어지럽다면 사용을 중지해요.

장점: 질 안에서 피를 흡수해서 수영할 때도 사용할 수 있고, 피부 트러블 발생이 적어요.

단점: 질 안에 삽입하기 때문에 교체 시기가 늦어질 수 있어요. 일회용품이라 환경오염을 일으켜요.

월경컵(생리컵)

손을 깨끗이 씻고 월경컵을 접은 상태로 질 속에 넣어 사용해요. 질 속에서 월경컵이 펼쳐지지 않으면 손가락으로 돌려 주며 펼치고, 뺄 때는 꼬리 부분을 잡고 천천히 당겨서 빼요.

장점: 질 안에서 피를 흡수해서 수영할 때도 사용할 수 있고, 피부 트러블 발생이 적어요. 씻어서 말리고 재사용할 수 있어서 경제적이고, 삶아서 사용하면 위생적이에요. 쓰레기가 생기지 않아 지구 환경에 좋아요.

단점: 외출 시 공용 화장실에서 교체하기 불편할 수 있어요.

월경 팬티(생리 팬티)

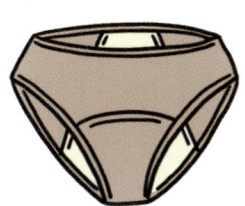

일반 속옷처럼 입어서 사용해요. 주로 잠을 잘 때 사용하는 편이에요. 방수 기능이 있어서 옷에 피가 묻지 않도록 막아 줘요.

장점: 일반 속옷처럼 입기 때문에 불편함이 적어요. 빨아서 말리고 재사용할 수 있어서 경제적이고, 삶아서 사용하면 위생적이에요. 쓰레기가 생기지 않아 지구 환경에 좋아요.

단점: 자주 갈아입어야 해요.

브래지어의 종류

러닝형 브래지어

러닝의 가슴 부분에 얇은 패드를 덧댄 브래지어로, 가슴에 멍울이 생기기 시작할 때 입는 편이에요.

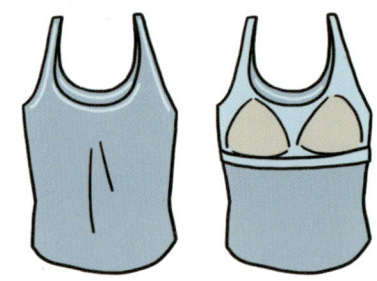

일반 브래지어

얇은 어깨끈과 가슴 패드가 달린 브래지어예요. 등 쪽에는 작은 갈고리 형태의 훅이 달려 있어서 입고 벗을 때 편해요. 패드 아래에 와이어를 넣어 가슴 모양을 잡아 주는 와이어형과 와이어가 없어서 좀 더 활동성이 좋은 노 와이어형이 있어요.

스포츠 브래지어

운동을 할 때나 신체적으로 움직임이 많을 때 입어요. 어깨끈이 넓고 밑단의 밴드로 가슴을 받쳐 줘요.

일반 브래지어 착용법

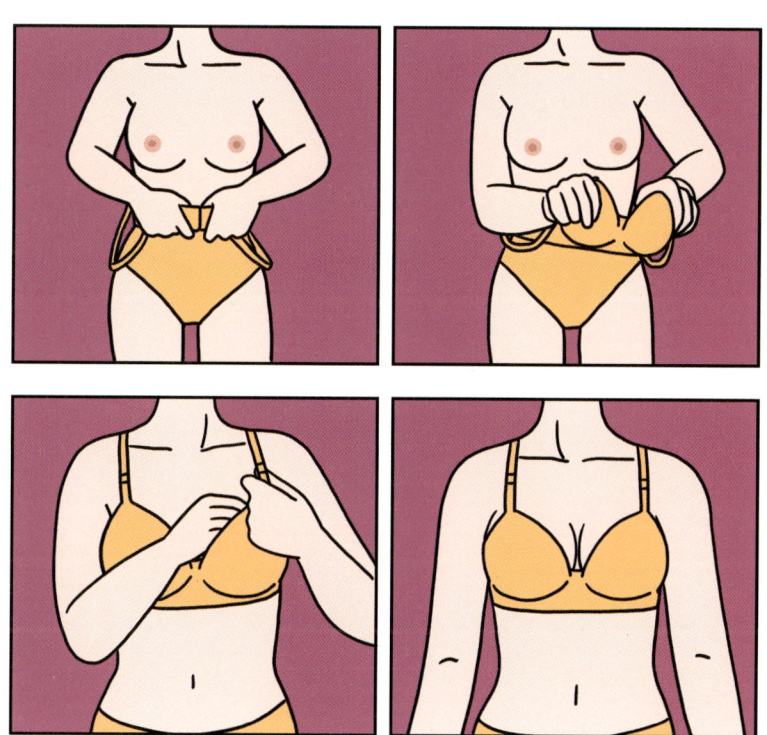

1단계 브래지어를 허리에 감고, 가슴 패드 부분을 등 쪽에 둬요.
훅이 몸 앞쪽으로 오도록 걸어 잠가요.

2단계 훅을 채웠다면, 가슴 패드가 앞쪽으로 오도록 브래지어를 돌려요.

3단계 팔뚝과 겨드랑이 안쪽 살들을 모아 가슴 패드 안에 넣어요.

4단계 어깨끈의 길이를 조절하여 몸이 너무 조이지 않게 해요.

면도기의 종류

일회용 면도기

날 교체가 불가능한 일체형 면도기예요. 가격이 저렴하고 휴대하기 편하며, 일회용이라 위생적이에요. 면도 크림 없이 사용하면 피부가 쉽게 베일 수 있어요.

안전 면도기

면도날이 안전기 안에 들어 있으며, 면도기의 머리 부분인 안전기를 통째로 교체할 수 있어서 위생적이에요. 안전기 안의 면도날만 갈아 끼우면 오랫동안 사용할 수 있어요.

전기 면도기

충전하거나 건전지를 넣어 사용하는 면도기로, 물이나 면도 크림 없이 간편하게 면도할 수 있어요. 가격이 비싼 편이며, 수염의 양과 얼굴 형태에 따라서 2 헤드, 3 헤드 등의 면도기를 선택할 수 있어요.

면도기의 사용법

1단계 면도할 부위를 따뜻한 물로 씻거나 따뜻한 수건으로 가볍게 마사지해요. 털을 잘 제거하기 위해 모공이 열리게 하는 과정이에요.

2단계 면도 크림을 면도할 부위에 골고루 바르고 문질러요.

3단계 면도기로 수염이 자란 방향으로 천천히 움직여서 면도해요.

4단계 민노한 부위를 찬물로 씻어서, 열렸던 모공을 수축시켜요. 수건으로 잘 닦아 마무리해요.

보너스 페이지

<우리들의 MBTI> 친구들을 찾아라!

어린이 분야 최초
MBTI 성격 유형 만화 시리즈!

❶ 성격 유형

❷ 친구 관계

❸ 가족 관계

❹ 학습 유형

❺ 진로 선택

시리즈 특징

- 개성 가득한 MBTI 캐릭터들의 이야기를 만화로!
- 권별 주제에 관한 고민을 심리 상담 전문가의 답변으로 해결!
- 유형별 특징, 친구 관계, 가족 관계, 공부법 수록!
- MBTI 포토 카드부터 공부 플래너까지, 권별 특별 부록 증정!

총 5권

<우리들의 사춘기> 본문 만화에는 <우리들의 MBTI> 시리즈 주인공들이 숨어 있어요. 만화에 깜짝 등장하는 MBTI 친구들을 찾아보며 다시 읽어 보세요!